AF265674

UN CENTENAIRE

LA VISITE DE NAPOLÉON Ier A TOULOUSE

PAR

JEAN DE L'HERS

(Le baron Desazars de Montgaillard)

(Extrait de la *Revue des Pyrénées*, tome XX.)

TOULOUSE

IMPRIMERIE ET LIBRAIRIE ÉDOUARD PRIVAT

Librairie de l'Université

14, RUE DES ARTS (SQUARE DU MUSÉE)

—

1908

UN CENTENAIRE

LA VISITE DE NAPOLÉON IER A TOULOUSE

L'année 1807 avait mis le comble à la gloire de Napoléon Ier. Après avoir vaincu à Austerlitz, à Iéna, à Eylau, à Friedland, l'Empereur avait conduit ses armées triomphantes jusqu'à Varsovie; et, le 8 juillet, il avait signé avec l'empereur de Russie, sur le radeau du Niémen, le traité de Tilsitt qui mettait fin à toutes les guerres et à toutes les rivalités.

Malgré les épreuves de la Révolution et les changements qui s'étaient opérés dans la situation matérielle et morale des personnes les plus intéressées au rétablissement de l'ordre public et de la sécurité individuelle, Toulouse passait pour la ville où il y avait le plus de préjugés contre Napoléon Ier. Il en était surtout ainsi dans une certaine classe de la société qui se rattachait à l'ancienne noblesse capitulaire ou parlementaire et où il était de mode de lui donner le nom « d'usurpateur ». On était d'autant plus malveillant à son égard que sa réputation grandissait davantage en Europe. Ses victoires elles-mêmes étaient contestées.

Cependant, ces préventions n'étaient pas partagées par la majorité de la population. Le 21 novembre 1807, le Conseil municipal délibéra d'envoyer une députation à l'Empereur « pour le féliciter sur ses victoires et sur la paix mémorable de Tilsitt », et l'inviter à venir « visiter sa bonne ville de Toulouse ». Cette députation était composée du maire, M. de

Bellegarde, d'un de ses adjoints, M. Demouis, et d'un membre du Conseil général, M. de Malaret.

M. de Bellegarde n'avait pas la capacité et la notoriété de son prédécesseur, le savant naturaliste Picot de Lapeyrouse; mais il avait une grande fortune et mettait à remplir ses fonctions beaucoup de zèle et de désintéressement. Il en était de même de son adjoint M. Demouis. Quant à M. de Malaret, qui lui succéda quelques années après, il joignait à un esprit entreprenant et à une grande activité de corps un jugement droit et un caractère aimable. Il devait devenir l'un des administrateurs les plus capables et les plus dévoués de la ville de Toulouse.

La députation du Conseil municipal partit de Toulouse le 6 janvier 1808 et fut reçue par l'Empereur le 17 de ce même mois. Accueillie avec beaucoup de bienveillance, elle fut admise à faire officiellement, le 31 janvier, son invitation. Elle prolongea son séjour à Paris jusqu'au 1er mars et fut, pendant ce temps, admise aux audiences tenues chaque dimanche par Napoléon Ier, à l'issue de la messe du palais des Tuileries.

*
* *

M. de Bellegarde s'était empressé d'annoncer à Toulouse la visite projetée de Napoléon Ier. Dès l'arrivée de sa lettre, le Conseil municipal fut convoqué pour en délibérer, et, le 6 février, il vota les fonds nécessaires pour commencer les préparatifs de réception au Capitole.

L'architecte de la ville était Virebent. De concert avec Joseph Roques, l'un des meilleurs peintres de cette époque, et Vallaërt, qui excellait dans la peinture décorative, il s'empressa d'embellir de son mieux l'hôtel de ville.

La façade avait été restaurée depuis peu de temps; mais le porche, la cour d'entrée, le grand escalier de pierre et toutes les salles intérieures étaient dans le plus affreux délabrement.

Le porche fut remis à neuf. Les trophées qui le décoraient furent retouchés et rafraîchis.

La cour d'entrée fut réparée dans toutes ses parties. Les cartouches furent refaits. Les morceaux de sculpture furent resuivis. La statue d'Henri IV fut rétablie sur son piédestal.

On plafonna le vestibule qui précédait le grand escalier et on l'orna de peintures. Il en fut de même pour l'escalier, dont les murs furent embellis d'un soubassement en pierre, d'une surélévation de granit et d'un riche entablement orné d'étoiles et d'abeilles.

La salle des Illustres fut complètement refaite. On n'y conserva que la partie sculptée par Marc-Arcis, au milieu de laquelle on plaça le buste de Napoléon 1ᵉʳ. Tout le reste fut abattu et remplacé par une ornementation se détachant en clair sur un fond de granit vert. Les inscriptions furent refaites au-dessous des bustes qui ornaient la salle. Celle qui concernait l'Empereur était gravée en lettres d'or sur une plaque de marbre noir. Elle était l'œuvre de M. de Puymaurin et était conçue en ces termes :

NAPOLEONI MAGNO.

VICTORI. INVICTO. RELIGIONIS ASSERTORI.

LEGUM CONDITORI. HOC PIETATIS MOMUMENTUM

DAT. DICAT. CONSECRAT TECTOSAGUM CIVITAS

ANNO M. D. CCC. VIII

La salle destinée au banquet fut décorée par Vallaërt de paysages dans le goût de Joseph Vernet.

La décoration du salon placé à droite de la salle des Illustres se composait d'arabesques sculptées se détachant, en blanc, sur un fond lilas, entouré d'encadrements d'or. Des camées occupaient le milieu des panneaux et un riche entablement complétait la décoration que faisaient ressortir quatorze girandoles à plusieurs branches se confondant avec les arabesques.

Vingt lustres de cristal avaient été distribués dans ces diverses salles.

La salle du Trône fut construite à neuf et placée à la suite de la salle des Illustres, à droite. Il n'y avait, primitivement, en cet endroit, que quatre murs de forme irrégulière et un comble. Virebent en fit une salle de forme circulaire, ornée de huit portiques d'ordre ionique. Chaque trumeau séparant les portiques fut décoré de deux pilastres, entre lesquels étaient huit couronnes. Au centre de ces couronnes, il en fut placée une en bronze, formée de lettres composant le nom de NAPO-LÉON. Devant chaque couronne, on mit huit figures égyptiennes en bronze antique, portant sur la tête un vase d'où sortaient des branches de candélabres dorés. Au-dessus de l'entablement, s'éleva une voussure richement ornée de trophées d'armes. On y figura Mars, la Victoire, la Paix, l'Histoire, et on y ajouta une série de bas-reliefs rappelant les principaux faits du règne de Napoléon Iᵉʳ. Cette riche voussure se terminait par une galerie ornée de balustres, laissant dans le milieu une ouverture à travers laquelle on apercevait un double plafond. Sur ce plafond étaient peints, par Roques, des génies portant des boucliers, des drapeaux et d'autres attributs de la guerre. Il était éclairé par des jours particuliers qu'on n'apercevait pas du bas. Cette galerie était destinée aux musiciens de l'orchestre que l'on devait entendre sans les voir. Le trône destiné à l'Empereur était décoré des attributs de la dignité impériale. Les draperies étaient ornées de crépines d'or et surmontées de l'aigle impériale et de trophées d'armes. Les marches du trône étaient couvertes d'un superbe tapis de velours. Les deux côtés du trône étaient occupés par des fauteuils, des tabourets et des banquettes de même étoffe.

Partout on pouvait lire des inscriptions ou voir des symboles rappelant la gloire de l'Empereur et l'admiration qu'on avait pour lui.

Enfin, au milieu de la place du Capitole, on dressa, sur un soubassement carré, un temple à la Victoire de forme circulaire. Il était décoré de huit colonnes de granit dont les bases étaient en marbre blanc. Un entablement régnait au-dessus, et, à l'aplomb de chaque colonne, on remarquait des aigles liées les unes aux autres par des guirlandes de fleurs et de fruits.

Une coupole terminait cet édifice. Elle était placée au centre, sur un piédestal de granit, et des trophées ornaient les quatre angles du soubassement. Dans l'architecture de ce monument entraient de nombreux verres de couleur qui devaient être allumés chaque soir, durant le séjour de l'Empereur, et en dessiner les formes.

.

Avant son départ de Paris, le maire, M. de Bellegarde, s'était empressé d'inviter les jeunes gens de Toulouse à se réunir pour former une garde d'honneur à l'arrivée de l'Empereur. Cet appel fut entendu. En quelques jours, les inscriptions furent si nombreuses qu'on put former quatre compagnies d'infanterie et deux compag　 de cavalerie de cinquante hommes chacune. Toutes　 es divergences politiques disparurent comme par enchantement.

M. de Bruyères-Chalabre fut nommé commandant de l'infanterie, et le comte de Castellane commandant de la cavalerie. Tous deux appartenaient à la haute société toulousaine. Ils furent placés sous la direction du général Baget, un ancien officier des armées de Louis XV et de Louis XVI, qui avait pris pour aides-de-camp MM. Casseyrol et Cammas.

A l'état-major de l'infanterie, M. de Rességuier figurait comme porte-drapeau, et M. d'Arbou comme officier à la suite.

M. de Palarin était capitaine de la première compagnie d'infanterie. Il avait pour lieutenant M. François Déville, et pour sous-lieutenants MM. François de Pons et de Carrière. M. Baric était sergent-major, M. Saint-Raymond sergent, MM. Domézon et Théron caporaux, MM. de Comminge et Cavaillé fusiliers. Parmi les simples soldats, on voyait MM. Courtois, Pratviel, Montané, de Madron, de Roume, Gèze, Béguilhet, Dulhié, de Montcalm, de Marion-Brésilhac, de Combette, Savy-Gardeilh, de Panat, Landes, de ᴊastoulh, de Planet, Ardène, d'Escouloubre, Davessens de Montcalm et d'autres.

La seconde compagnie avait pour capitaine M. Malefette,

pour lieutenant M. de Naurois, pour sergent-major M. Marius de Voisins. Dans les rangs figuraient : MM. de Lamartinière, de Capèle, de Rességuier, de Frayssines, d'Adhémar, de Saget, James, Pascal Viguerie, d'Audonnet, de Fajeac, Sol, Touzé, Astre, Edouard de la Hitte, Romestain, etc.

A la troisième compagnie se trouvaient : MM. Bressolles, capitaine ; Célestin de Saint-Félix, lieutenant ; Compans, sous-lieutenant ; Julien d'Aiguesvives, sergent ; Vitry et Doujat, caporaux ; Sens, Lefèvre et Laffitte, fusiliers ; et, à la suite, MM. Marseille, Gairal, Pujol, Malpel, Saint-Blancat, Montané, de Saint-Félix-Maurémont, de Saint-Amans, Roaldès, Gasc, Castelbou, etc.

Enfin, dans la quatrième compagnie d'infanterie, dont le capitaine était M. de Nogaret, et le sous-lieutenant M. Baric, on distinguait parmi les caporaux MM. de Gélas et Dubourg, et parmi les simples soldats MM. de Secondat-Roquefort, Jean-Bernard, Duchan, Espinasse, Barada, Montels, Galabert, Sarremejane, Lasalle, etc.

A la tête des deux compagnies de cavalerie se trouvait le comte de Castellane, colonel, ayant pour porte-étendard M. Alexandre de Cambon.

Le frère de ce dernier, M. Auguste de Cambon, était capitaine de la première compagnie. Il avait pour lieutenant M. Ramel ; pour sous-lieutenant, M. Francisque de Cassand ; pour maréchaux des logis, MM. Sarrans et Auguste de Belcastel, et pour chasseur M. de Brethous. Parmi les simples cavaliers, on lit les noms de MM. Daram, d'Aiguesvives, de Varagne-Gardouch, de Cantalause, de Lordat, Achille Lamothe, Casimir de Belcastel, d'Advisard, de Boutaut, etc.

Le capitaine de la deuxième compagnie de cavalerie avait pour lieutenant, M. Lecour ; pour maréchaux de logis, MM. Peyronnet et Bruno Sabatié ; pour brigadiers, MM. Auguste de Villeneuve, d'Hautpoul et J. Viguerie ; pour chasseurs, MM. de Milhau, J. Sol et Léon Ducos. Dans les rangs se trouvaient notamment : MM. Dastarac, de Ginisty, Sarrans, Viguerie, de Saint-André, Léopold de Rigaud, Arzac, Bégué, d'Albis, de Bayne-Rayssac, Roques, Rigues, de Lartigue, de Mourville, Henri de Fajeac, d'Hébray, etc.

La garde d'honneur s'habilla, s'arma et s'équipa à ses frais. L'uniforme de la cavalerie était blanc avec revers, parements et collet de velours amarante, boutons et aiguillettes en or, chabraque blanche, bordée en drap amarante, bottes à la hussarde. L'uniforme de l'infanterie se composait également d'une veste et de culottes blanches avec revers, parements et collet de velours amarante, boutons en or, guêtres blanches. Tous portaient un énorme shako, orné d'une torsade d'or et surmonté d'un grand panache blanc. — On peut encore juger de ces costumes dans le tableau qu'a peint Roques, représentant les joutes sur la Garonne auxquelles assista l'Empereur, et qui se trouve actuellement au Musée de Toulouse.

.·.

Pendant tous ces préparatifs, de graves événements avaient surgi en Espagne. Le roi Charles IV, chassé par ses sujets et ne voulant pas reconnaître son fils, Ferdinand VII, pour son successeur, parce qu'il avait été l'âme des complots tramés contre lui et contre son favori, Godoï, prince de la Paix, avait abdiqué sa couronne entre les mains de Napoléon.

De son côté, le prince Ferdinand, comprenant que sa situation était également insoutenable par l'opposition de son père, de sa mère, du prince de la Paix et d'une grande partie de la Cour, avait renoncé à ses prétentions au trône et cédé à l'Empereur tous ses droits sur la couronne d'Espagne.

Napoléon en avait profité pour faire proposer à leur place son frère Joseph, alors roi de Naples. Cette proposition avait été ratifiée, le 5 mai 1808, par une junte de principaux Espagnols convoqués à Bayonne. Joseph fut promu, le 6 juin suivant, « roi d'Espagne et des Indes » et se rendit à Madrid, où il fit son entrée solennelle le 20 juillet.

Ce fut pendant toutes ces péripéties que Napoléon fit annoncer son arrivée à Toulouse pour le dimanche 24 juillet 1808.

Le samedi 23 juillet, on accourut de toutes les villes voisines. La population de Toulouse doubla dans cette seule journée. Les maisons furent décorées de guirlandes de fleurs, de feuillage de chêne et de laurier, d'inscriptions de toutes sortes en l'honneur de Napoléon. On sabla les rues par lesquelles l'Empereur devait passer pour se rendre au palais où il devait résider, et qui était la Préfecture actuelle, sur la place Saint-Étienne. Napoléon avait refusé de loger au Capitole. Il avait préféré l'hôtel de la Préfecture qui porta, tout le temps de son séjour à Toulouse, le titre de « Palais impérial ».

Dans la nuit du 23 au 24 juillet, c'est-à-dire du samedi au dimanche, le préfet, M. Desmousseaux, se transporta dans la commune de Léguevin pour y recevoir l'Empereur aux limites du département. Il y fut suivi des principales autorités désignées par le décret du 24 messidor an XII.

La garde d'honneur à cheval se rendit à Saint-Martin-du-Touch pour prendre son service auprès de l'Empereur et lui servir d'escorte.

La gendarmerie était échelonnée par pelotons, de distance en distance, sur toute la route de Léguevin à Toulouse.

Les maires des communes que l'Empereur devait traverser s'étaient portés sur la route avec leur garde nationale pour lui offrir leurs hommages. Ils étaient accompagnés du clergé en habits sacerdotaux.

Des arcs de triomphe, ornés de branches de chêne et de laurier, avaient été dressés dans les villages.

Des fleurs avaient été jetées tout le long de la route.

Napoléon ne put arriver au jour fixé. Le maire, M. de Bellegarde, en fut avisé, à cinq heures du soir, à Saint-Martin-du-Touch, par une lettre annonçant que l'arrivée était ajournée au lendemain matin et que l'Impératrice accompagnerait l'Empereur.

Le maire, le corps municipal, la garde d'honneur, les militaires formant la garnison rentrèrent dans la ville. Mais ils reprirent dans la nuit, à deux heures du matin, les différents postes qu'ils avaient occupés la veille.

.*.

L'Empereur et l'Impératrice arrivèrent par la route d'Auch, le lundi 25 juillet au matin.

A leur entrée sur le territoire de la commune de Léguevin, qui forme l'extrème limite du département de la Haute-Garonne, ils furent harangués par le préfet, M. Desmousseaux, puis par le maire de Léguevin, M. de Raymond. Ils y répondirent par quelques mots de remerciements, et continuèrent ensuite leur route vers Toulouse.

Ils ne s'arrêtèrent de nouveau qu'au village de Saint-Martin-du-Touch, qui forme l'extrémité de la commune de Toulouse, sur la route d'Auch. C'était donc là que l'Empereur devait être reçu par le Maire et par le Conseil municipal, aux termes du décret du 24 messidor an XII sur les préséances. Ils s'y étaient rendus avec la garde d'honneur à cheval, forte de soixante et dix hommes.

On y avait élevé un portique dans le goût égyptien, par allusion aux campagnes d'Égypte.

La foule était déjà considérable. Elle reçut l'Empereur et l'Impératrice par des acclamations enthousiastes.

Dès l'arrivée de la voiture impériale, M. de Bellegarde, maire, s'avança vers la portière de droite, accompagné de ses adjoints et du Conseil municipal, et harangua successivement l'Empereur et l'Impératrice. Les deux harangues furent accompagnées et suivies de nombreuses acclamations.

« Ce fut le lundi 25 juillet 1808, à dix heures du matin, dit un contemporain, M. d'Aldéguier, par le plus beau jour et par un ciel d'Italie, que Napoléon entra à Toulouse. Jamais on ne vit un enthousiasme pareil à celui qui éclata lorsque la voiture du conquérant de l'Europe, franchissant la barrière de Saint-Cyprien, entra dans la ville. Ce sentiment était d'autant plus remarquable et d'autant plus flatteur pour lui qu'il n'avait rien de joué, rien qui ne fût spontané et involontaire. Ce fut une victoire éclatante qu'il remporta sur une population prévenue et qui était demeurée ou qui, du moins, avait paru être rebelle aux impressions de la gloire. »

La population s'était surtout groupée à la Patte-d'Oie, où avait été construit un arc de triomphe dans l'axe de la grille et du pont. Cet arc de triomphe formait une masse imposante. Sa voûte était ornée de cassetons. Il était flanqué, sur les côtés, de portes surmontées de trophées d'armes et de couronnes. Un entablement, composé de consoles décorées de têtes de lions, couronnant l'arc, et un acrotère terminait le monument. Dans cet acrotère, on lisait :

A NAPOLÉON LE GRAND.

Dès que la voiture impériale fut aperçue à l'entrée de la ville, les cris de : *Vive l'Empereur! Vive l'Impératrice!* retentirent de toutes parts. Ils furent répétés par la foule qui s'était massée dans toutes les rues où devaient passer les augustes visiteurs pour se rendre à leur palais, et l'on sonna à toutes volées les cloches des églises.

Après avoir traversé le faubourg Saint-Cyprien et le pont sur la Garonne, la voiture de l'Empereur et celles du cortège tournèrent à droite, suivirent la rue des Couteliers, la rue de la Dalbade, la rue de la Fonderie, la place du Salin, la grande rue Nazareth, la place et la rue Perchepinte, la place Sainte-Scarbes, la rue des Nobles (aujourd'hui rue Fermat), enfin la place Saint-Etienne.

Arrivés devant la cathédrale, l'Empereur et l'Impératrice descendirent de voiture et entrèrent dans l'église, où un *Te Deum* solennel fut chanté.

Puis, ils se rendirent à leur palais, où ils prirent quelques instants de repos et déjeunèrent.

Vers midi, l'Empereur fit annoncer officiellement par son premier chambellan, le comte Laurent de Rémusat, qu'il recevrait ce même jour, à quatre heures, les différentes autorités de la ville, en suivant l'ordre des préséances établi par le décret du 24 messidor an XII.

En attendant ces réceptions officielles, Napoléon manda auprès de lui le préfet, M. Desmousseaux, pour étudier ensemble le travail qu'il avait fait demander, depuis le mois d'avril précédent, par le ministre secrétaire d'Etat, et où devaient être exposés les besoins et les désirs du département en général et de la ville de Toulouse en particulier. Conformément à ces instructions, le préfet avait fait extraire des divers procès-verbaux du Conseil d'arrondissement, du Conseil général du département et des Conseils municipaux de Toulouse et de Revel « tous les vœux que l'amour du bien avaient suggérés à ces assemblées dans leurs diverses sessions ». Il avait également recueilli tous les vœux présentés en plusieurs occasions par la Chambre de commerce, par la Société d'agriculture et par « beaucoup de particuliers éclairés s'occupant de rechercher le progrès que peuvent espérer, dans ce pays, avec le concours d'une administration libérale, l'agriculture, le commerce et l'industrie ». Il présenta le tout à l'Empereur, qui se mit aussitôt à l'examiner avec l'activité et l'intelligence qui lui étaient habituelles.

Après avoir ainsi donné au préfet une audience d'une heure, l'Empereur reçut les différentes autorités de la ville.

Ce fut d'abord M. Démeunier, sénateur titulaire de la sénatorerie de Toulouse.

Puis vint le corps d'armée, à la tête duquel se trouvait le général d'artillerie Lacombe-Saint-Michel, commandant depuis peu la 10° division militaire, dont le siège était à Toulouse. Le général Lacombe-Saint-Michel s'était fait accompagner du général de brigade Bagot, commandant en chef de la garde d'honneur, ainsi que de l'état-major et des officiers de cette garde.

Après l'autorité militaire, ce furent la Cour d'appel, ayant à sa tête le premier président Desazars de Montgaillhard, puis l'archevêque Mgr Primat, sénateur, accompagné de ses grands vicaires, MM. de Barbazan, de Cambon et Hubert, des chanoines de l'église métropolitaine, des curés de la ville et des principaux membres du clergé.

Le préfet, M. Desmousseaux, fut reçu, vers cinq heures, avec son secrétaire général, M. Dantigny. Le Conseil de préfecture, à la tête duquel était M. Pons-Devier; les membres présents du Conseil général et les maires des principales communes du département vinrent ensuite.

M. L. Loubers était président de la Cour de justice criminelle et Cour spéciale. Il se présenta devant l'Empereur avec sa compagnie et le harangua longuement. Il en fut de même de M. Carrière, président du tribunal de première instance de l'arrondissement de Toulouse, et de M. Dupau, président du tribunal de commerce. La réponse de l'Empereur à ce dernier fut surtout remarquée. Napoléon dit que sa plus grande préoccupation était d'assurer la fortune commerciale et industrielle de la France, en la favorisant de toutes les manières, par la liberté des communications, par la franchise des tarifs et par tous les encouragements dont il pouvait disposer. Il rappela les magnifiques récompenses qu'il avait promises aux inventeurs qui feraient progresser le travail national et celles qu'il avait déjà accordées à ceux qui s'étaient signalés par des inventions ou des découvertes utiles. Il parla des divers travaux qu'il avait entrepris sur tous les points du territoire, routes, ports, canaux, assainissement et embellissement des villes. Il termina en ajoutant qu'il se proposait d'examiner de même ce qu'il conviendrait de faire dans l'intérêt du commerce et de l'industrie à Toulouse et dans le Sud-Ouest.

La Chambre de commerce fut reçue immédiatement après le Tribunal de commerce.

Puis vint le tour du Conseil municipal et du maire de Toulouse, M. de Bellegarde. L'Empereur se mit alors à les entretenir des affaires de la ville. M. de Bellegarde était peu préparé, par ses habitudes simples et par ses connaissances médiocres de toutes choses, à répondre d'une manière prompte et décisive aux questions brèves, nombreuses, caractéristiques de Napoléon. Cependant, l'Empereur parut satisfait de ses réponses dont il profita largement.

Après avoir été reçues par l'Empereur, les diverses autorités se présentèrent dans le même ordre chez l'Impératrice pour la saluer. Elles furent reçues par elle avec beaucoup de grâce et d'aménité.

Ces audiences terminées, Napoléon monta à cheval vers sept heures du soir et se rendit, avec les principaux officiers de sa maison et un détachement de la garde d'honneur, à l'embou-chure du Canal du Midi, en passant par la rue Riguepels, le faubourg Saint-Etienne, et en suivant les francs-bords du canal depuis le Pont-Guilheméry. Partout il fut reçu par des accla-mations enthousiastes.

A la chute du jour, tous les édifices publics et particuliers furent illumi . La population se porta en foule dans les rues pour jouir du nombre et de la beauté des illuminations. Sa joie tenait du délire. Il n'arriva aucun accident. L'ordre public ne fut pas troublé un seul instant, et cette première journée se termina comme elle avait commencé, au milieu des démonstra-tions les plus vives de l'allégresse publique.

.·.

Le lendemain, mardi 26 juillet, Napoléon monta à cheval à quatre heures du matin, escorté par un détachement de la garde d'honneur. Il sortit par la porte Saint-Etienne, parcou-rut les promenades, visita le moulin à poudre, la fonderie im-périale, l'usine métallurgique de MM. Berta et Lecourt, et le parc d'artillerie. Il examina ces établissements dans le plus grand détail, adressant aux directeurs toutes les questions pro-pres à l'éclairer sur leur situation respective.

Il était six heures et demie du matin lorsque l'Empereur rentra dans son palais, et, dès son arrivée, il se mit au travail pour expédier les affaires de l'État.

Plusieurs personnes ayant sollicité des audiences particuliè-res, il leur fit annoncer qu'il les recevrait à midi. Ces récep-tions furent empreintes d'une telle simplicité et d'une telle amabilité qu'elles charmèrent autant qu'elles surprirent.

Le soir, l'Empereur et l'Impératrice se rendirent aux exércices du mât de Cocagne et aux joutes qui eurent lieu sur la Garonne. Ils arrivèrent en voiture, à sept heures, et descendirent à pied jusqu'au bateau qui avait été préparé pour les recevoir. Le port de la Daurade, le pont, les quais, les francs-bords de la rivière étaient déjà occupés par une foule immense qui les reçut avec acclamation.

Le maire, M. de Bellegarde, avait accompagné l'Empereur et l'Impératrice depuis leur voiture jusqu'au bateau de gala. Il allait rejoindre le Conseil municipal, qui était dans une autre barque, lorsque Napoléon le retint auprès de lui. M. de Bellegarde en profita pour entretenir l'Empereur de divers objets d'utilité publique que le Conseil municipal lui avait soumis et, en particulier, de la confection du quai de la Daurade. Napoléon lui demanda une foule de renseignements, destinés, dans sa pensée, à élaborer le projet de décret qu'il méditait en faveur de la ville de Toulouse et qu'il rendit le lendemain.

Le mercredi 27 juillet, Napoléon sortit de son palais, à cheval, à cinq heures du matin. Il était accompagné du prince de Neufchâtel, de plusieurs officiers de sa maison et d'un détachement de la garde d'honneur à cheval. Il suivit les rues Saint-Étienne, Croix-Baragnon, de la Trinité, des Marchands, parcourut le cours Dillon jusqu'à la porte de Muret, visita les allées extérieures du faubourg Saint-Cyprien jusqu'aux ateliers du célèbre maître serrurier Bosc, rentra ensuite dans la ville, s'arrêta quelques instants devant la chaussée du Moulin du Bazacle et se rendit au Collège de l'Esquile, où était exposé le plan en relief du Canal du Midi. Ce relief était l'œuvre de quatre toulousains, MM. Guérin, les deux frères Lacoste et Bidaut. Il donnait de la façon la plus exacte les pentes, les écluses, les biefs, l'ensemble et tous les détails du canal. L'Empereur l'examina avec la plus vive attention. Il s'enquit de ce qui concernait tous les ouvrages d'art, son alimentation par le bassin de Saint-Ferréol, sa fréquentation, ses recettes, ses dépenses et une foule de détails qui lui furent donnés avec beaucoup de précision par l'ingénieur en chef, M. de Clausade. Il manifesta le désir d'avoir ce plan à Paris et il lui affecta un local spécial dans le palais du Tribunat.

L'Empereur rentra au palais impérial en passant devant le Capitole, qu'il contempla assez longtemps. Puis il dit : « C'est bien ; mais c'est bas. » Ce jugement était exact. La faute n'en est pas à l'architecte, Guillaume Cammas, qui s'évertua en vain à faire une œuvre plus grandiose, mais qui se heurta à la parcimonie des Capitouls et du Conseil de Ville, ne voulant pas consentir à refaire les anciens étages.

Il était sept heures du matin quand l'Empereur rentra dans son palais pour se mettre au travail et s'occuper de son courrier.

Après de nouvelles réceptions à onze heures, Napoléon passa le reste de la journée à préparer et à rendre le décret qui porte la date du 27 juillet 1808 et qui constitue, ainsi que le déclara plus tard le Conseil municipal, « un monument éternel de sa munificence et de son affection pour la ville de Toulouse ».

Ce décret ne fut publié que quelques jours après le départ de l'Empereur, « comme si Sa Majesté, a dit un contemporain, avait voulu, en comblant la ville de Toulouse de ses faveurs, se dérober en même temps à sa reconnaissance ». Mais la plupart de ses dispositions avaient transpiré. Le préfet et le maire n'ignoraient point les projets de l'Empereur et les avaient communiqués à quelques-uns. Toutefois, ils ne se doutaient pas d'une façon complète de leur importance.

Ce décret ne contenait pas moins de trente et un articles dont voici les principales dispositions :

I. — TRAVAUX PUBLICS.

1° La portion du quai de la Daurade, dite de la Risberne, sera reconstruite aux frais des ponts et chaussées, partie en 1808 et partie en 1809. — C'est donc à Napoléon Ier que l'on doit la continuation de cette magnifique ligne de quai inaugurée par Mgr Loménie de Brienne. Et ce travail devait être effectué dans les dix-huit mois qui suivraient son passage à Toulouse.

2° Le pont de Saint-Cyprien sera réparé en 1809 sur les fonds affectés, cette année-là, aux ponts et chaussées.

3° La navigation de la Garonne, dans l'intérieur de la ville de Toulouse, depuis le moulin du Château jusqu'à l'embouchure du canal de Brienne, sera rétablie, et les projets et les devis devront être faits et approuvés avant le 1er janvier 1809.

4° Des plans et projets devront être proposés dans le courant de l'année 1809 pour l'amélioration de la navigation générale de la Garonne.

5° Les fontaines publiques seront augmentées dans la ville de Toulouse et seront établies moitié aux frais du trésor public et moitié aux frais de la ville.

6° La navigation de la rigole de la plaine allant de Naurouse au bassin de Saint-Ferréol sera rétablie et devra être continuée jusqu'à la rivière de l'Agout pour communiquer avec la rivière du Tarn.

II. — ÉTABLISSEMENTS PUBLICS.

Dans les articles 7 à 12, Napoléon s'occupe successivement de l'Hôtel de la préfecture dont il approuve l'affectation et l'aménagement; — des prisons criminelle, civile et de police correctionnelle dont il fixe les emplacements; — d'une caserne de dépôt à établir aux Salenques, — d'une caserne pour la compagnie de réserve; — et du théâtre, qu'il transfère dans l'ancienne salle de spectacle, au Capitole.

Par l'article 13, il établit une école spéciale vétérinaire dans les dépendances du jardin botanique.

Il règle ensuite tout ce qui concerne les bâtiments affectés aux sous-préfectures de Castelsarrasin, de Muret, de Saint-Gaudens et de Villefranche, ainsi que les prisons de ces divers arrondissements.

III. — DES CULTES.

Par l'article 20, l'Empereur affecte au logement de l'archevêque l'hôtel dit de la première présidence, dans la rue Croix-Baragnon.

21° Il établit le séminaire métropolitain dans le collège de l'Esquile dont il avait préalablement visité l'aménagement.

22° Il ordonne la réparation de la cathédrale et affecte à cette réparation une première somme de 36,000 francs, payable moitié par le département de la Haute-Garonne et du Gers et moitié par l'État.

23° Il restitue à l'église de la Dalbade les colonnes et les pilastres qui servaient autrefois à son ornementation et lui attribue une somme de

15,000 francs pour ce rétablissement et pour les réparations de son maître-autel.

24° Il élève à la première classe MM. *Purpan*, archiprêtre de Caraman; *Garrigues*, curé de Montech, et *Vivant*, curé de Saint-Gaudens, tous trois dépendant du département de la Haute-Garonne. Il fait de même pour MM. *Perrigat*, curé de Mirepoix; *Deguilhem*, curé des Cabanes, et *Garrié*, curé de Castillon. — Le clergé s'était, du reste, montré fort empressé pour Napoléon pendant son séjour à Toulouse. Non seulement il vint le recevoir en habits sacerdotaux, mais encore il se rendit nombreux au *Te Deum* qui fut chanté à la cathédrale lors de l'arrivée de Sa Majesté. Et, pendant tout le temps que dura son voyage jusqu'à son retour à Paris, il dit chaque jour, à la messe, par ordonnance de l'archevêque, la collecte : *Adesto, quæsumus Domine*, etc.

25° Il approuve le traitement alloué par la ville de Toulouse aux Frères de la doctrine chrétienne et ordonne qu'il soit porté au budget de 1809.

26° Il affecte définitivement à l'Eglise consistoriale le bâtiment des classes de théologie.

IV. — DONATIONS.

27° Il fait donation à la ville de Toulouse, pour en jouir en pleine propriété :

a) Des bâtiments occupés par le Musée et l'École des beaux-arts ;

b) Des bâtiments et des terrains alors occupés par le Jardin botanique et le Cabinet d'histoire naturelle ;

c) Du bâtiment de l'Observatoire ;

d) Du bâtiment de la Bibliothèque ;

e) Du bâtiment et des jardins de Saint-Sernin pour l'établissement des Prisons civiles et de police correctionnelle ;

f) Des bâtiments des Salenques pour l'établissement des casernes du dépôt de conscription ;

g) De l'édifice de Sainte-Anne pour l'élargissement de la porte de Saint-Étienne et l'ouverture d'une rue nouvelle (la rue Sainte-Anne actuelle) ;

h) Des terrains et matériaux des remparts et des fossés de la ville, y compris les terrains de la porte et de la place Villeneuve (aujourd'hui place Lafayette), à la charge d'établir une promenade publique sur l'emplacement desdits fossés et remparts, et de supprimer, dans le plus bref délai, les cloaques existants. — Napoléon est donc le véritable créateur de ce quartier, alors abandonné et aujourd'hui l'un des plus fréquentés de la ville.

28° Il est fait remise à la ville de Toulouse de la somme de 50,000 fr.,

restant due de diverses acquisitions par elle faites à l'Etat, à la charge de les employer à la restauration du Capitole.

V. — DISPOSITIONS DIVERSES.

29° Le tribunal civil de Saint-Gaudens est augmenté de deux juges ;

30° Le maximum du prix du blé, au delà duquel l'exportation par les ports d'Agde et de Cette était défendue, dut être réglé à l'avenir sur la mercuriale du marché de Toulouse.

Telle est l'économie de ce décret du 20 juillet 1808, qui constitua, pour la ville de Toulouse, une véritable série de bienfaits, et qui fut le prélude de sa prospérité et de son embellissement. Voici, notamment, ce qu'en disait, en 1835, un des historiens de la ville de Toulouse, M. d'Aldéguier : « Ces concessions immenses, pour qui en sait calculer la valeur, n'ont pas été depuis assez appréciées. Aucun souverain, depuis la création de la monarchie, n'en avait fait qui pussent être évaluées au dixième de celles de Napoléon. Le passage de ces souverains avait été toujours onéreux pour la ville. Napoléon l'enrichit. Mais n'enrichit-il pas la France ? Ne lui apporta-t-il pas tout l'or de l'Europe ? Tout ce qu'elle contenait de plus précieux pour les arts ne devint-il pas la propriété des Français ? Et n'a-t-on pas osé dire qu'il l'avait ruinée et dépeuplée, parce qu'il avait eu un revers et que les Français ne voulurent pas lui fournir les moyens de le réparer, ni en hommes, ni en argent ? »

C'est encore de Toulouse, et du 24 juillet 1808, qu'est daté le décret réglant la situation des « prêtres français qui, faute d'avoir fait les promesses ou prêté les serments ordonnés par les lois antérieures, étaient dans le cas de perdre la pension ecclésiastique à laquelle ils pouvaient avoir droit ». Napoléon leur accorda une nouvelle année pour faire liquider leur pension, en justifiant qu'ils s'étaient réunis à leur évêque, conformément à la loi du 18 germinal an X.

D'après ce décret, « le défaut de prestation des anciennes

promesses ou des anciens serments ne pouvaient être opposé
aux ex-religieux comme obstacle à la liquidation de leurs pensions ».

Après avoir signé les décrets, dont nous venons de rappeler
les dispositions, l'Empereur termina la journée du mercredi
27 juillet en allant, avec l'Impératrice, à la grande fête du
Capitole.

Les invitations avaient été faites pour huit heures du soir.
Plus de sept cents personnes, parmi lesquelles se trouvaient
trois cents dames, se rendirent à l'heure indiquée et occupèrent le double rang de banquettes qui avait été disposé en cercle autour du trône.

La galerie des Illustres était destinée à la danse. La salle
qui suivait avait été affectée aux rafraîchissements. Ces deux
salles, jointes à la salle du Trône, formaient une enfilade de
salons du plus bel effet.

L'escalier était orné de vases de fleurs et d'orangers.

Dans toutes les salles on avait placé des masses de lustres et
de girandoles.

L'arrivée de l'Empereur et de l'Impératrice fut saluée par
d'enthousiastes acclamations. Dès qu'ils eurent traversé les diverses salles de la fête et qu'ils se furent assis sur le trône qui
leur avait été préparé, un orchestre se fit entendre et une cantate fut exécuté. Les paroles étaient de Baour-Lormian, et la
musique de M. Berjeaud.

Le concert terminé, les danses commencèrent. L'Empereur
et l'Impératrice se mêlèrent à la foule des invités et en profitèrent pour converser avec la plupart d'entre eux. Il était onze
heures du soir quand ils se retirèrent. Leur départ fut salué
par de nombreux vivats, tant des invités qui se trouvaient au
Capitole que de la foule qui se pressait sur la place et dans les
rues avoisinantes.

Cette magnifique fête laissa une impression profonde dans
l'esprit des Toulousains. On considérait Napoléon comme un
« génie incomparable », comme un « Héros chargé des destinées de l'univers ». On voulait contempler ses traits, et ses

traits étaient si particuliers qu'ils frappaient tout le monde de surprise et d'admiration. L'imagination pouvait à peine concevoir le contraste étonnant qu'il y avait entre sa puissance colossale et son extrême simplicité, sa supériorité immense et son affabilité pleine d'abandon. Jamais souverain n'avait donné aux Toulousains ni reçu d'eux des témoignages plus considérables de sympathie et de dévouement.

Le lendemain, jeudi 28 juillet, le maire, M. de Bellegarde, s'empressa de se rendre au lever de l'Empereur. Napoléon le complimenta de nouveau de la fête de la veille. M. de Bellegarde en profita pour lui demander son agrément à la confection d'une médaille commémorative de sa visite à Toulouse. L'Empereur y consentit et, aussitôt après son départ, le maire en fit faire plusieurs projets, notamment par M. Carré, professeur de belles-lettres, qui avait composé la plupart des inscriptions placées sur les édifices publics et sur les monuments dressés à l'occasion de la visite de Napoléon.

Le projet de médaille qui fut agréé par le Conseil municipal portait à l'avers la tête de Napoléon, laurée, vue de profil, à droite avec cette légende : NAPOLIO IMPERATOR REX. Au revers, Napoléon était représenté debout, en costume militaire, tenant de la main gauche son épée au fourreau, montrant de la main droite, à la ville de Toulouse, également debout, le plan de ses embellissements, posé sur une table dont la face antérieure portait en relief les armes de la ville. Autour des figurines on lisait ces mots : PRÆSENTIA DONISQUE TOLOSA FELIX, et, au-dessous, cette inscription : XXV. JULII. MDCCCVIII. Au deux faces, cette médaille portait le nom de celui qui avait gravé les coins : ANDRIEU.

L'impératrice Joséphine, passionnée pour la botanique, s'était depuis longtemps intéressée au Jardin-des-Plantes de Toulouse. Elle l'avait enrichi de plusieurs envois et le Conseil municipal lui avait donné son nom. Les administrateurs et les professeurs du Jardin-des-Plantes s'étant rendus au palais impérial pour lui présenter leurs hommages, elle répondit qu'elle serait heureuse de juger de ses yeux les progrès de la botanique faits à Toulouse grâce à eux. Elle y vint, en effet, parcourut toutes les parties du Jardin avec soin, sous la direction de Picot de Lapeyrouse, s'enquit des besoins de l'établissement et renouvela les promesses qu'elle avait déjà faites de contribuer à son amélioration.

.·.

Cependant, les événements politiques se précipitaient en Espagne. Le roi Joseph avait fait son entrée à Madrid le 20 juillet. Mais, le 22, le général Dupont avait capitulé à Baylen. Une armée anglaise se préparait à débarquer en Portugal. De graves complications semblaient imminentes. Napoléon sentit l'obligation de revenir à Paris et dut abréger son séjour à Toulouse, qu'il quitta le jeudi 28 juillet, à huit heures du soir.

La population ne s'attendait pas à un départ si prochain. Elle en fut très émue. Il en fut surtout ainsi à Villefranche-Lauraguais et à Revel, où tout avait été préparé pour recevoir solennellement Napoléon, à son passage pour aller visiter le bassin de Saint-Ferréol.

Avant de quitter Toulouse, l'Empereur remit au préfet et au maire des sommes considérables pour plusieurs personnes qui avaient sollicité sa générosité. Il donna, en outre, au Maire une somme de 26.000 francs pour la distribuer aux pauvres de la ville.

Plusieurs membres de la garde d'honneur avaient demandé à entrer dans l'armée. L'Empereur satisfit à leur demande et leur accorda des brevets d'officier. C'est ainsi que M. Duilhé fut nommé sous-lieutenant d'infanterie et que MM. Isidore de Lavedan et Blanc, de Beaumont, devinrent sous-lieutenants de cavalerie.

Quelques-uns d'entre eux étaient encore en surveillance

comme anciens émigrés : Napoléon les affranchit de cette surveillance.

Sur la présentation du premier président Desazars de Mont-
gailhard et du procureur général Corbière, il nomma juges-
auditeurs à la Cour d'appel de Toulouse MM. de Bastoulh fils,
Montané fils, Calmès, de Feydel, de Moly et Serres.

Il éleva au grade de capitaine de vaisseau M. F.-H. Poytes
de Montcabrié.

Il accorda à la mère du général Dupuy, mort au Caire pendant l'expédition d'Egypte, une pension de 3.000 francs.

Il promut grand-officier de la Légion d'honneur le général
Lacombe Saint-Michel, commandant la 10e division militaire;
officier du même ordre, M. Desmousseaux, préfet du département; et chevaliers : M. de Bellegarde, maire de Toulouse;
M. de Bruyères-Chalabre et le comte de Castellane, colonels de
la garde d'honneur. Il donna, en outre, à ces deux derniers une
tabatière d'or enrichie de son chiffre en diamants et ornée de
son portrait. Il fit un don semblable au général Baget.

Les libéralités de l'Empereur se continuèrent dans la suite
pour un grand nombre de Toulousains. C'est ainsi qu'il créa
« barons de l'Empire » M. Picot de Lapeyrouse, ancien maire,
et son successeur M. de Bellegarde; M. Desazars de Montgail-
hard, premier président de la Cour d'appel; M. Corbière, procureur général près la même Cour ; M. de Gary, successivement
préfet du Tarn et de la Gironde; M. de Marcorelle, député ;
M. de Scorbiac et plusieurs autres.

Le départ avancé de l'Empereur et de l'Impératrice avait
ému vivement la population, qui fut d'autant plus nombreuse
pour les saluer lorsqu'ils quittèrent l'hôtel de la Préfecture
pour retourner à Paris en passant par Montauban. Napoléon en
fut touché et dit à M. de Bellegarde en prenant congé de lui :
« Monsieur le Maire, dites aux habitants de Toulouse que je
conserverai toujours le souvenir des sentiments qu'ils m'ont
inspirés; je suis fâché que mes affaires ne m'aient pas permis
de séjourner plus longtemps au milieu d'eux; ils peuvent
compter en toute circonstance sur ma protection. »

Les événements politiques ne permirent pas à Napoléon de revenir à Toulouse. Mais il ne l'oublia pas. Et si le décret de 1808 n'a reçu que tardivement une entière exécution, on peut voir aujourd'hui, par les embellissements qu'il a procurés aux quartiers qui portent le nom de Lafayette plutôt que le sien, combien ils étaient intelligents et vraiment utiles.

Jean DE L'HERS.

Toulouse, Imp. DOULADOURE-PRIVAT, rue St-Rome, 39. — 6589